AF358428

VENTE DU LUNDI 11 FÉVRIER 1895

A DEUX HEURES

HOTEL DROUOT, SALLE N° 7

INTÉRESSANTE COLLECTION

DE

DESSINS ET PEINTURES

DES

Écoles Anglaise, Flamande, Française

Hollandaise et Italienne

DES XVIe, XVIIe ET XVIIIe SIÈCLES

EXPOSITION PUBLIQUE

Le Dimanche 10 Février 1895, de 1 h. 1/2 à 5 h. 1/2

Me G. DUCHESNE	**M. Georges SORTAIS**
COMMISSAIRE-PRISEUR	PEINTRE-EXPERT
6, rue de Hanovre, 6	Rue d'Armaillé, 23

PARIS — 1895

IMPRIMERIE MAULDE et RENOU

———

A. MAULDE & Cie

IMPRIMEURS DE LA COMPAGNIE DES COMMISSAIRES-PRISEURS

Rue de Rivoli, 144

CATALOGUE

D'UNE

INTÉRESSANTE COLLECTION

DE

DESSINS ET PEINTURES

DES

Écoles Anglaise, Flamande, Française

Hollandaise et Italienne

DES XVIe, XVIIe ET XVIIIe SIÈCLES

Dont la Vente aura lieu

HOTEL DROUOT, SALLE N° 7

Le Lundi 11 Février 1895

A DEUX HEURES

M° G. DUCHESNE	**M. Georges SORTAIS**
COMMISSAIRE-PRISEUR	PEINTRE-EXPERT
Rue de Hanovre, 6	Rue d'Armaillé, 23

EXPOSITION PUBLIQUE

Le Dimanche 10 Février 1895, de 1 h. 1/2 à 5 h. 1/2

PARIS — 1895

CONDITIONS DE LA VENTE

—

Elle sera faite au comptant.

Les Acquéreurs paieront CINQ CENTIMES PAR FRANC en sus des adjudications.

Aucune réclamation ne sera admise une fois l'adjudication prononcée.

A. MAULDE et Cie, imprimeurs de la Cie des Commissaires-Priseurs, rue de Rivoli, 144.   400—48196

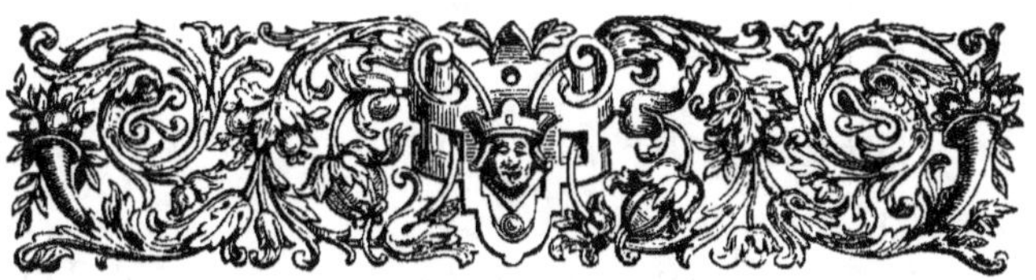

DÉSIGNATION

—

TABLEAUX ANCIENS ET MODERNES

1 — **Audran** (D'après Lebrun). La Vertu est digne de l'Empire du monde. (Dessin à la sépia.)

2 — **Barbieri**, dit le **Guerchin.** Soldats et divers personnages dans un paysage. (Bon dessin à la plume.)

3 — **Baron** (Henri). La Diseuse de bonne aventure. (Aquarelle.)

4 — **Bartolozzi.** Portrait de Femme, de profil. (Mine de plomb.)

5 — **Boissieu** (Attribué à). Portrait d'Arouet de Voltaire. (Dessin aux trois crayons, touché d'aquarelle.)

6 — **Boucher** (F.). Les Baigneuses. (Dessin à la sanguine.)

7 — **Boucher** (F.). L'Éducation de l'Amour. (Dessin.)

8 — **Buonarotti Michel-Ange** (Attribué à). Tête d'Homme, de profil, à nez crochu. (Dessin à la plume.)

9 — **Calliari**, dit **P. Véronèse** (Attribué à). Le Jugement dernier. (Dessin à la sépia.)

10 — **Canaletto**. Vue de Venise. (Beau dessin d'architecture.)

11 — **Casanova**. Grande Bataille de cavalerie. (Très beau et important dessin à la sepia.)

12 — **Chaudet** (Attribué à Mlle). Jésus et la Samaritaine. (Sépia.)

13 — **Clouet** (École de). Portrait présumé de Catherine d'Aragon. (Dessin à la mine de plomb.)

14 — **Clouet** (École de). Portrait de Femme. (Mine de plomb.)

15 — **Cochin** (N.). (D'après WATTEAU.) Fêtes vénitiennes. — Dans un paysage élégamment composé, on voit au premier plan un couple dansant le menuet au son d'une musette que joue un musicien assis à droite ; des couples, assis en rond échangent des propos galants ; au fond, une statue de Vénus, couché au-dessus d'une fontaine. (Joli dessin à la sanguine.)

16 — Album de dessins par DECAMPS, GRANDVILLE
et autres.

17 — **Dévéria** (Eugène). La Toilette. (Deux pen-
dants à la sépia.)

18 — **Drolling** (Attribué à). Portrait de Femme
en costume blanc. Époque Ier Empire.

19 — **Dumonstier** (Attribué à). Portrait d'un
Connétable. (Dessin aux deux crayons.)

20 — **Dyck** (D'après Van). Renaud dans les bras
d'Armide. (Dessin à l'encre de Chine.)

21 — **Dyck** (Van). Charles Ier et sa famille. (Croquis à l'encre de Chine.)

22 — **Dyck** (Attribué à Van). Vierge soutenant
l'Enfant Jésus. (Belle sépia rehaussée de
gouache.)

23 — **Eisen** (Genre de). Jeune Bergère et Enfant.
(Aquarelle.)

24 — **Freudberg**. Suite de six Dessins à la sépia.
(Sera divisée.)

25 — **Gavarni**. Les Sultanes. (Dessin gouaché.)

26 — **Gellée** (Claude). Navires dans un port.
(Sépia.)

27 — **Girodet-Trioson**. Ossian. (Dessin à la
sépia.)

28 — **Girodet-Trioson**. Portrait d'Homme vu de
profil. (Sépia.)

29 — **Goya** (Francesco). Guerriers arabes vêtus de burnous, accroupis autour d'un bivouac. (Dessin à la gouache.)

30 — **Greuze** (Attribué à J.-B.). Allégorie. (Beau dessin à la sépia.)

31 — **Greuze** (Ecole de). Portrait d'un Homme qui louche. (Dessin à la sanguine.)

32 — **Greuze** (Genre de). Buste de jeune paysanne. (Dessin à la sanguine.)

33 — **Gros** (Le baron). Les Représentants de la France offrent à la Reine les clés de la Ville de Paris. (Dessin à la sépia.)

34 — **Grandville**. Le Somnambulisme. (Dessin à la plume.)

35 — **Hogarth** (W.). Aux grands maux les grands remèdes. (Aquarelle.)

36 — **Huet** (J.-B.). Apollon et Vénus. (Aquarelle signée et datée.)

37 — **Huet** (J.-B.). Scène pastorale. (Sépia.)

38 — **Hervier**. Paysanne sortant d'une maison, tenant un enfant par la main. (Aquarelle.)

39 — **Ingres** (Attribué à), d'après C. ALLORI. Judith tenant la tête d'Holopherne. (Mine de plomb.)

40 — **Isabey** (Eugène). Départ d'un bateau de pêche d'un petit port, près de Dieppe. (Très beau dessin à l'aquarelle.)

40 *bis* — **Janinet** (Attribué à). Femme se lamentant près d'un cénotaphe. (Aquarelle.)

41 — **Jeaurat** (Attribué à). La Partie de cartes. (Aquarelle).

42 — **Lancret** (N.). Femme assise coiffée d'une toque. (Dessin aux deux crayons.)

43 — **La Tour** (D. de) (Attribué à) Tête de jeune fille. (Crayon noir.)

44 — **Lami** (Genre de E.). François Iᵉʳ à Pavie. (Aquarelle.)

45 — **Lavreince** (Genre de). Jeune Femme se promenant dans un parc. (Aquarelle.)

46 — **Lavreince**. La Rose mal défendue. (Gravure en couleurs. Épreuve d'essai.)

47 — **Lebarbier** (Attribué à). Allégorie de la moisson. (Sépia.)

48 — **Mallet**. La Balançoire. Un jeune cavalier aide une femme à se balancer, d'autres personnages assis plus loin jouent à la main chaude. (Fin dessin à la plume.)

49 — **Monnet**. Sacrifice sur l'autel de l'Amour. Cupidon entouré par les Amours. Un jeune berger présente une pomme à l'Amour endormi. (Trois gouaches. Sera divisé.)

5o — **Monnet**. Femme se mirant dans le bassin d'une fontaine. (Gouache.)

51 — **Monnier** (H.). Portrait présumé de Mme Bro han. (Crayon noir.)

52 — **Moreau** (Louis). Vue d'un Parc orné de personnages. (Gouache.)

53 — **Monsiau** (Attribué à). Les Reines de France, épouses des Bourbons. (Dessin à la sépia.)

54 — **Nattier** (M.). Portrait de jeune fille. (Mine de plomb.)

55 — **Neuville** (De). Peintre assis devant son chevalet. (Plume.)

56 — **Ostade** (Attribué à Isaac Van). Fête villageoise. Au premier plan à gauche des paysans attablés fument et boivent, au second plan à droite, d'autres dansent. (Beau dessin à la plume sur vélin.)

58 — **Perugin** (École de). Le Christ mort. (Dessin à la plume.)

59 — **Perugin** (École de). Vierge debout tenant dans ses bras l'Enfant Jésus. (Dessin à la plume.)

60 — **Pillement**. Bétail à l'abreuvoir sous la conduite d'un pâtre. (Sépia.)

61 — **Piranese**. Beau Dessin d'architecture.

62 — **Pillement**. Deux Motifs d'ornementation chinois. (Aquarelle.)

63 — **Prudhon** (Genre de P.-P.). Trois Dessins. (Seront divisés.)

64 — **Oudry** (J.-B.). Chiens à l'attache près d'un lièvre mort. — Chiens près d'un faisan mort. Canards surpris par un aigle. — Canards surpris par un chien. (Dessins à la pierre noire exécutés probablement pour des tapisseries. Seront divisés.)

65 — **Queverdo** (Attribué à). La Tromperie démasquée. (Aquarelle.)

66 — **Raffet** (Attribué à). Charge de grenadiers. Au premier plan des trompettes vus de dos sonnent la charge à leur régiment qui passe ventre à terre sur une route encaissée au pied d'un village. (Intéressant croquis à la plume.)

67 — **Rembrandt** (Attribué à V.-R.). Trois Dessins sous verre : Femme assise et Homme accoudé. — Adoration des Mages. — Un Docteur devant une table, deux Femmes assises sur la droite, portrait d'Homme à turban. (Dessins à la plume et sanguine. Sera divisé.)

68 — **Robert.** Paysanne assise de profil lisant une lettre. (Dessins à la sanguine.)

69 — **Robert** (Hubert). Personnages dans un parc. (Aquarelle.)

70 — **Rousseau** (Th.). Vue de Saint-Laurent. (Dessin à la pierre noire.)

71 — **Rubens** (P.-P.). Tête de Junon, d'après le tableau du Louvre. (Pierre noire.)

72 — **Ruysdaël** (Attribué à). Étude d'arbres dans une forêt. (Dessin au lavis.)

73 — **Reynolds** (Attribué à). Portrait de Femme assise, coiffée d'un haut chapeau de feutre. (Dessin au trois crayons.)

74 — **Rossi**. Le Flirt. (Aquarelle.)

75 — **Saint-Aubin** (Auguste de). Portrait de Femme vue de face. (Dessin aux trois crayons.)

76 — **Saint-Aubin** (École de). Portrait de Femme accoudée à une console. (Sépia.)

77 — **Saint-Aubin** (Ecole de). La Promenade des remparts. (Peinture à l'huile.)

78 — **Saint-Aubin**. Le Roi distribuant des couronnes pendant un bal. (Dessin à la plume.)

79 — **Saint-Aubin** (Attribué à G.). Jolie Composition. (Dessin à la sépia.)

80 — **Titien** (Le). L'ange Gabriel annonce à la Vierge qu'elle sera mère. (Beau dessin.)

81 — **Tintoret** (Le). Quatre Croquis dans un même cadre.

82 — **Tournières** (Attribué à). Portrait de Jeune Homme en habit de velours rouge, la main dans le gilet. (Peinture à l'huile.)

83 — **Grimoux**. Portrait d'un Page coiffé d'une toque. (Dessin aux trois crayons.)

84 — **Vernet** (École de J.). Réunion de Personnages sur un rocher au bord la mer. (Aquarelle.)

85 — **Watteau** (Genre de). Le Croche-Pied.
(Sépia.)

86 — **Watteau** (De Lille). Soldat endormi, à demi
couché, la main appuyée sur son fusil. (Dessin
aux deux crayons.)

87 — **Wattier**. Manon Lescaut et des Grieux.
(Plume.)

88 — **Zurbaran**. Moine en prières. (Dessin aux
trois crayons.)

89 — **École florentine**. — Vierge et Enfant Jésus
en extase. (Dessin à la plume.)

90 — **École française**. Voltaire récitant assis dans
un fauteuil. (Peinture à l'huile.)

91 — **École française**. La Présentation du Drapeau. Le roi Louis XVI et Marie-Antoinette
assis sur un trône, protégés par la force et la
justice, reçoivent de la France le drapeau de la
royauté, au bas des marches du trône : les Arts,
les Sciences et la Fortune, prêtent serment aux
jeunes souverains. (Dessin à l'encre de Chine.)

92 — **École française**. Portrait de Femme en
costume de satin blanc, garni de dentelles et
de fleurs. (Peinture à l'huile.)

9³ — **École française.** L'Hymen d'un Guerrier.
Au centre, sur le second plan, un Guerrier
tient la main de sa fiancée au-dessus de l'autel
de l'hymen ; à gauche du fiancé, un guerrier
lui montre un groupe en pierre sculptée : la
Force guerrière ; à droite de la fiancée, une sui-
vante lui montre un autre groupe en pierre
sculpté, représentant la Maternité; au fond,
Minerve assise sur un nuage, domine le Temple
de l'Amour, armée d'une lance et d'un bouclier
sur lequel on distingue les armes du fiancé,
des bacchantes entourent le groupe de l'hymen,
qu'elles ornent de guirlandes de roses; entre
ces colonnes des écussons sont pendus, rete-
nus par des couronnes fleuries. (Important
dessin à l'aquarelle non terminé.)

94 — Sous ce numéro, quelques Dessins non
catalogués.

www.ingramcontent.com/pod-product-compliance
Lightning Source LLC
LaVergne TN
LVHW050540190726

843502LV00008BB/3216